대치북스 삼부작 시리즈 1권

대치동, 지리

박영준

COPYRIGHT©2015 DAECHI PRESS

대치북스 삼부작 시리즈 1 권

대치동, 지리

초판 1 쇄 발행 2015 년 2 월 10 일
초판 2 쇄 발행 2015 년 6 월 18 일
초판 3 쇄 발행 2015 년 7 월 19 일

지은이 박영준

펴낸이 박영준
펴낸곳 도서출판 대치 (경기도 용인시 수지구)
  제 2013-000202 호
  주사무소 : 경기도 성남시 수정구 대왕판교로 982 번길 18
  (고등동, 2 층), 031) 756 - 4170, isuccessj@yahoo.co.kr

ISBN 대치동, 지리 ; 979-11-950785-0-9
  대치북스 삼부작 시리즈 ; 979-11-950785-1-6
서체 성동서체, 아리따서체가 사용되었습니다.
주요 판매처 인터넷 교보문고, 교보문고

기록된 형태의 허락 없이는 무단 전제와 복제를 금합니다.
책값은 뒤표지에 있습니다.

들어가면서

   이 글은 3 부작, 대치북스 시리즈 중, 제 1 권, "대치동, 지리" 입니다.

   저자가 접해온 많은 가정들, 부족한 시간 속에서 절박한 심정의 가정들,

   한 마디의 설명 또는 다른 가정의 경험도 소홀히 흘려들을 수 없는 간절한 마음을 가진 각 가정들에게…

   도움이 되길 기원 드립니다.

   오랜 기간 동안 도움을 주신 분들과 각 가정들께 감사 드립니다.

2015.
저자 박영준

1. 타워팰리스, 도곡역 주변지역

- 타워팰리스 (4)
- 동부센트레빌 (9)
- 도곡렉슬 (14)

- 중학교 배정 (17)
- 대치동의 인프라 (21)
- 초등학교 배정 (32)

- 초등학교 배정의 시작점인 대치동의 주민센터 (40)
- '한티'와 '대치'는 '큰 언덕, 큰 고개'라는 같은 뜻이다. (44)

- 고등학교 배정 (47)
- 타워팰리스, 도곡역 주변지역의 학교 (50)

2. 은마아파트, 대치역 주변지역과
   삼성역, 상업용 고층빌딩 주변지역
   - 은마아파트 (80)
   - 삼성역 주변 상업용 고층빌딩 지역 (85)
   - 은마아파트, 대치역 주변지역과 삼성역, 상업용 고층빌딩 주변지역의 학교 (89)

3. 선릉역, 상업용 고층빌딩 주변지역
   - 선릉역 주변 상업용 고층빌딩 지역 (105)
   - 선릉역, 상업용 고층빌딩 주변지역의 학교 (107)

4. 낯설고 생소한 대치동, 처음 알아가기
   - 대치동의 지하철 이용하기 (122)
   - 승용차로 대치동 진입하기 (127)

5. 대치동, 우연한 처음 만남

　　－　낯선 거대한 공사장 (131)

에필로그　(137)

* （ ）안 숫자는 페이지 수 임.

1. 타워팰리스, 도곡역 주변 지역

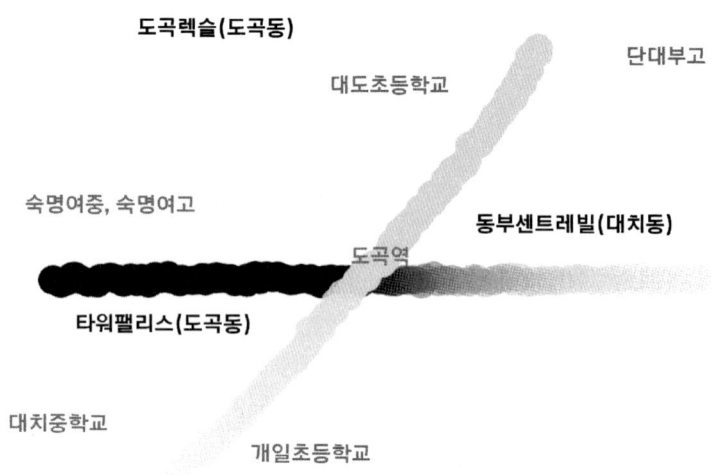

(그림 설명: 타워팰리스, 도곡역 주변지역)

　타워팰리스, 지하철 도곡역 주변 지역이다. 쉽게 이해되도록 단순하게 표현되어 있다. 도곡역은 3호선과 분당선의 환승역이다. 위의 그림에는 간단하게 주거단지와 학교가 표시되어 있다.

대치동 지역에 대한 빠르고 쉬운 이해를 돕기 위한 그림이어서 모든 주거단지와 학교가 다 표시되어 있지는 않다. 또 건물 간의 거리 간격이나 위치는 정밀하지 않다.

같은 도곡역 주변이지만, 그림에 표시되어 있듯이, 타워팰리스는 도곡동에 위치한다. 반면에, 동부센트레빌은 대치동에 위치한다. 도곡역 출구 중 일부는 대치동에 위치하며, 일부는 도곡동에 위치한다.

그림에 나타나 있는 학교 중에서, 단대부고 만이 대치동 소재의 학교이다. 대치중학교는 학교 이름에는 "대치"가 들어 있지만, 대치동이 아니고, 도곡동에 위치한다. 그렇지만, 대치동의 인프라를 이용하기에는 아무 지장이 없다.

- 타워팰리스

　개일초등학교는 개포 2 동에 위치한다. 타워팰리스에 거주하는 가정들은 개일초등학교로 배정을 받게 되기도 한다. 특히, 타워팰리스 1 차인 A, B, C, D 동은 개일초등학교와 통학거리가 가깝다. '초등학교, 중학교 배정'을 설명할 때 자세하게 설명한다.

(사진 설명: 개일초등학교 쪽에서 본 타워팰리스 전경)

앞쪽에 정문이 보이는 학교가 개일초등학교이다. 사진에서 보이는 가장 앞쪽의 타워팰리스는 우측에서 좌측으로 A동, B동, C동이다.

그림에서 본 것처럼, 타워팰리스와 동부센트레빌 길 건너편에는 대도초등학교가 있다.

(사진 설명: 동부센트레빌 쪽에서 본 타워팰리스 전경)

사진에서 보이는 가장 앞쪽의 타워팰리스는 F 동 이다. 대도초등학교의 소재지는 타워팰리스와 마찬가지로 도곡동이다. 동부센트레빌은 대치동이다.

타워팰리스, 동부센트레빌에 거주하는 가정들은 대도초등학교로 배정을 받게 되기도 한다. 타워팰리스 2차인 E, F동과 동부센트레빌은 대도초등학교와 통학거리가 가깝다.

(사진 설명: 도곡역 출구 중 타워팰리스 F 동쪽 출구)

타워팰리스 F 동은 도곡역과 바로 접해있다. 저자는 각 가정요청에 따라, 가정 방문해서 상담 또는 대화를 많이 하는 편이다. 자연스럽게 타워팰리스의 구조에 대해서도 익숙하다.

타워팰리스의 A, B, C, D 동은 타워팰리스 1 차이다. 지하주차장은 공유되어 함께 사용되며, 지상에서 A, B, C, D 동이 분리되게 된다.

E, F 동은 타워팰리스 2 차이다. 역시 지하주차장은 공유되어 함께 사용되며, 지상에서 E, F 동이 분리되게 된다. 다시, E, F 동은 남쪽 날개, 북쪽 날개 부분으로 분리가 된다. 건물은 하나 이지만, 내부 방화벽으로 가로 막혀서 분리된 것이다. 층별 세대 호수에 따라서, 엘리베이터를 정확하게 이용해야 한다.

G 동은 3 차이다.

보안은 상당히 잘 되어 있다. 1 차, 2 차, 3 차 보안 시스템이 각각 조금씩 다르며, 주차장 출입 방법도 약간 차이가 있다.

하루는 방문객 출입증을 교부 받고 있는데, 어느 가정으로 대형 냉장고가 배달되어 온 적이 있었다. 보안 요원은 배달 온 이에게 포장을 해체해서, 점검을 해야 한다고 안내를 했고, 배달 온 이는 두말 없이 바로 포장을 해체 하면서, 즉시 자신의 사무실로 전화해서 새로운 포장박스를 보내 달라고 요청을 했다. 거주자 출입증(거주자도 출입증이 있다.) 또는 방문객 출입증이 없으면, 출입도 안되고, 엘리베이터를 이용할 수도 없다.

- 동부센트레빌

(사진 설명: 타워팰리스 쪽에서 본 동부센트레빌 전경)

동부센트레빌은 대치동에 위치한다. 동부센트레빌에 거주하는 가정들은 길 건너편의 대도초등학교로 배정을 받게 되기도 한다.

동부센트레빌은 대도초등학교와 통학거리가 아주 가깝다. 그림에는 생략되어 있는, 대치초등학교로 배정되기도 한다.

(사진 설명: 숙명여중, 숙명여고 쪽에서 본 동부센트레빌 전경)

사진에서 앞쪽에 보이는 건물은 숙명여중, 숙명여고이며, 뒤쪽으로 동부센트레빌이 보인다. 타워팰리스, 동부센트레빌에 거주하는 가정들은 숙명여중, 숙명여고로 배정되기도 한다.

숙명여중, 숙명여고에는 국제중 입시(2015년 현재, 대원국제중, 영훈국제중은 전형별 지원 자격이 있는 지원자 전원을 대상으로 전산 추첨하여 선발한다. 종전의 입시 형식에서 변경 되었다.)에서 아깝게 불합격하거나 특목고, 자사고 입시에서 아쉽게 불합격한 학생들이 상당수 있다. 이 일부 학생들의 수준은 상당히 높고, 상위 내신등급을 차지하고 있다. 이 학교에서 높은 내신등급을 얻으려면 많은 노력이 필요하다.

정도의 차이는 있지만, 대치동의 모든 중고등학교는 이런 특성을 가지고 있다고 보는 것이 무난하다.

(사진 설명: 민사고 정문 전경)

특목고의 정식명칭은 '특수목적고'이며, 외국어고, 과학고 같은 학교들이 이에 해당된다.

자사고의 정식명칭은 '자율형사립고'이며, 민사고, 외대부고(구 용인외고) 등이다.

각 가정에서 궁금해 하는 것 중에 하나를 우선 설명한다. 여러가지 사정으로, 자사고가 일반고로 전환되면, 재학생은 어떻게 되는가 하는 것이다.

자사고에 입학해서 자사고 학생이 되었으면, 자사고의 교육과정을 이수하고, 자사고 학생으로 졸업한다. 따라서, 같은 학교 내에서, 2, 3 학년은 자사고 학생이고, 1 학년은 일반고 학생인 경우도 생길 수 있다.

자사고 인지 일반고 인지 여부는 자녀가 입시를 치르는 연도의 '입시요강'에 따라 정해진다. 특목고, 자사고에 대한 자세한 설명은 '대치북스 삼부작 시리즈', 2 권 '대치동, 사계절 입시'에서 다룬다.

- 도곡렉슬

(사진 설명: 동부센트레빌 쪽에서 바라본 도곡렉슬 전경)

사진 중앙에 보이는 학교가 대도초등학교이다. 대도초등학교는 도곡동에 위치한다. 도곡렉슬아파트와 대도초등학교는 담장이 붙어있다.

도곡렉슬아파트에 거주하는 가정들은 대도초등학교로 배정을 받게 되기도 한다. 도곡렉슬아파트는 대도초등학교와 통학거리가 아주 가깝다.

많이 알려진 대로, 도곡렉슬아파트 단지는 꽤 크다. 도곡렉슬아파트의 규모는 34개동, 3,002세대 이다. 대치동의 다른 아파트와 비교 하자면, 은마아파트는 28개동, 4,424세대이다. 부지는 은마아파트가 더 넓다.

도곡렉슬아파트는 저자에게도 익숙하다. 단지도 쾌적하지만, 특히 지하주차장은 색채 배색이 잘 되어 있으며, 층고도 높아서 상당히 아름답고 쾌적하다.

(사진 설명: 단대부중 담에 붙어있는 단대부고, 단대부중, 단대공업고등학교 안내문)

도곡렉슬, 동부센트레빌 주위에 단대부고, 단대부중이 있다. 대치동에 위치하는 단대부고, 단대부중, 단국공업고등학교는 한 곳에 모여 있다. 단대부고의 정식명칭은 단국대학교 사범대학 부속고등학교이다. 사립이고, 남자고등학교이다.

대치동에 거주하는 가정들 중에 단대부고를 선호하는 가정들이 있다. 남녀공학이 아니어서, 여학생들 때문에 내신등급에서 손해 보는 일이 없기 때문이다. 단대부중도 남자중학교이다.

초등학교, 중학교, 고등학교 위치를 대치동 현지에서 보게 되면, 학교 배정은 어떻게 되는지 자연히 궁금해진다.

- **중학교 배정**

대치동에서 아직 학교 배정을 받아 본 경험이 없는 가정은 학교 배정이 어떻게 되는지 궁금할 수 밖에 없다. 학교 배정에 대해 설명한다.

대치동은 강남구에 속한다. 강남구와 서초구는 서울특별시 강남교육지원청(http://www.knen.go.kr/)에서 관할하고 있다. 강남교육지원청은 각 가정 자녀의 중학교 배정, 초등학교 배정을 해준다. 고등학교 배정은 서울특별시 교육청에서 한다.

먼저, 중학교 배정에 대해 알아본다. 현재 출석하고 있는 초등학교에서, 중학교 배정원서가 교부되는 일자는 2013년도 대치동의 경우, 11월 8일(금)에서 11월 22일(금)까지였다. 이 기간은 고3 자녀를 둔 가정에게는 대입 수능 시험 기간이기도 하다.

만약, 대치동에 거주하지 않는 가정으로서, 대치동으로 이사가는 것의 장점과 단점을 신중하게 고려한 결과, 대치동 소재의 중학교에 배정 받기를 원한다면, 원칙적으로, 11월 이전에는 가정의 주민등록지 주소가 대치동으로 이전되어 있어야 한다.

그렇다면, 11월 이전에 주민등록지 주소가 대치동으로 이전되어 있는 모든 가정들이 대치동 소재의 중학교에 배정될까? 저자가 대치동 소재 학원장을 하면서 관찰한 바로는 "아니다"이다.

강남교육지원청의 입학 배정 시행 업무 공고문 내용에 따라 대치동 소재 중학교 정원이 모두 채워지면, 인근 지역으로 배정된다. 이 경우, 대치동 소재의 중학교에 다니지는 못하지만, 대치동의 인프라를 충분히 활용할 수는 있다.

꼭, 대치동 소재의 중학교에 배정을 받고 싶다면, 가능한 한 빨리, 주민등록지 주소를 대치동으로 이전해야 대치동 소재의 중학교에 배정 받을 가능성이 높아진다.

배정된 중학교에 입학 등록은 2014년도의 경우, 2월 4일(화)에서 7일(금) 이었다. 중학교 배정에 대한 설명시, 두 가지 경우에 대한 추가 설명이 필요하다. 하나는, '국제중학교 입학전형 응시 가정'의 경우이고, 두번째는 '학기 중 대치동으로 이사에 따른 전학'에 대한 경우이다.

먼저, 자발적으로, 국제중학교 입학전형 응시를 한 가정의 경우를 살펴본다. 국제중학교에 대한 내용은 '대치북스 삼부작 시리즈', 2 권 '대치동, 사계절 입시'에서 구체적으로 다루고 있으므로, 여기에서는 이 글에서 필요한 만큼만 알아 본다.

국제중학교에 뜻하지 않게 불합격할 경우에 대한 대비도 필요하다. 국제중학교에 불합격할 경우, 꼭 대치동 소재의 중학교에 배정을 받고 싶다면, 국제중학교 전형시기와는 별도로, 가능한 한 빨리, 주민등록지 주소를 대치동으로 이전해야 대치동 소재의 중학교에 배정 받을 가능성이 높아진다.

다른 경우로, 부득이하게 학기 중에 대치동으로 이사오는 경우가 있다. 이 경우에는, 대치동 소재 중학교 정원에 빈 자리가 없으면, 전학이 되지 않는다. 만약, 종전에 다니던, 중학교가 통학 가능한 지역이라면, 종전에 다니던 학교를 계속 다니면서, 대치동 소재 중학교 정원에 빈 자리가 생기기를 기다리게 된다.

종전에 다니던, 중학교가 통학 가능한 지역이 아니라면, 대치동 인근 지역의 학교 중에서 빈 자리가 있는 학교로 전학이 된다. 이 경우 역시, 대치동의 인프라를 충분히 활용할 수 있다.

- 대치동의 인프라

선경상가는 선경아파트 전면에 위치한 상가이다. 대치역과 도곡역 사이에 위치한다.
대치역과 도곡역 사이 지역은 학원밀집지역이다. 선경상가에서 시작된 학원가는 대치역 부근의 '메가스터디'까지 연속되어 있다. 대치역은 은마아파트 단지 남쪽 끝에 위치한다.

(사진 설명: 선경상가에 위치한 학원 밀집지역)

　선경상가의 건너편에는 청실상가, 한일상가 등이 연속되어 자리잡고 있다. 연속되는 상가들이 학원밀집지역을 형성하게 된다.

(사진 설명: 청실상가에 위치한 학원 밀집지역)

사진의 청실상가는 선경상가의 건너편에 위치한다. 청실상가는 청실아파트 전면에 있는 상가이다. 청실상가 뒤로 건설장비인 타워크레인이 보인다. 청실아파트는 재건축 중이다. 삼성물산은 재건축 아파트의 명칭을 '래미안 대치 청실'로 소개하고 있다.

(사진 설명: 래미안 대치 청실 재건축 현장)

삼성물산의 자료에 의하면, 래미안 대치 청실의 위치는 "강남구 대치동 633번지 일대"이다. 입주시기는 2015년 9월이다. 래미안 대치 청실은 대치 1동 주민센터 바로 옆이기도 하다.

'청실 홍실'은 '전통 혼례에 사용되는 남색과 붉은색의 명주실 테'라고 한다. 그럼, 청실아파트가 있으면 '홍실아파트'도 있지 않을까? 예상대로, 홍실아파트도 있다. 대치동이 아니고 삼성동 경기고등학교 건너편에 있다. 경기고 근처의 홍실아파트, 삼성아이파크에 거주하는 가정들은 경기고등학교, 봉은중학교, 봉은초등학교로 배정되기도 한다.

(사진 설명: 은마아파트 단지 북쪽 끝 사거리에서
한티역 쪽으로 본 학원 밀집지역)

은마아파트 단지 남쪽 끝에 위치한 대치역과 도곡역 사이 지역이 학원밀집지역인 것 처럼, 은마아파트 단지 북쪽 끝에서 지하철 한티역까지 연결된 지역도 학원밀집지역이다.

대치역과 도곡역 사이의 도로, 은마아파트 단지 북쪽 끝에서 한티역 사이의 도로는 모두 동서방향의 도로이다. 대치동을 포함한 강남구에서는 동서방향의 도로가 오래된 도로이다.

남북방향의 도로 중에는 동서방향의 도로 보다 새로운 도로 들이 있다. 오래된 도로변인 동서방향의 도로변을 따라 상가 건물들이 연속되어 있고, 이 상가건물 들에 학원이 밀집되어있다.

대치동에 거주하는 초등학생의 경우에는 학생 스스로 걸어다니면서 학원 또는 교습소에 출석하는 경우가 많다. 특별한 경우를 제외하고는, 초등학생은 먼 거리에 있는 학원에 출석하지는 않는다.

그렇지만, 타 지역에서 대치동 학원을 이용하는 경우에

는 부모님들이 학생을 대치동으로 데려오고 집으로 데려간다.

중고등학생의 경우는, 학생 스스로 걸어다니거나 지하철 등 대중교통을 이용하여 학원 또는 교습소에 출석한다.

학원이 마치는 밤 시간에는 부모님들이 승용차로 데리러 오는 경우가 대부분이다. 학원이 마치는 밤 시간인 오후 10시경에는 교통체증이 아주 심하다.

(사진 설명: 은마아파트 단지 북쪽 끝 사거리에서
한티역 쪽으로 본 학원 밀집지역)

　사진에서 보면, 학원 셔틀 버스가 보인다. 대치동의 대부분의 학원 또는 교습소는 셔틀버스가 없다. 학원에 셔틀버스가 있는지 문의하는 가정은 대체로 대치동에 이사온지 얼마 안된 가정인 경우가 많다.

학원 인프라는 학원 밀집지역과 이에 부수되는 음식점, 커피전문점, 제과점, 패스트푸드점, 피자전문점 등으로 이루어진다.

상업용 고층 건물 지역인 선릉역, 삼성역의 주변을 제외하고는 대치동의 거의 모든 상가 건물에는 학원 또는 교습소 또는 교육 컨설팅 업체 또는 유학관련업체가 1개 이상은 있다고 보아도 과언이 아니다.

그러고 보면, 타지역에 비해 대치동 전체가 학원밀집지역인 셈이다. 도곡동의 타워팰리스의 일부는 오피스텔이다. 이 오피스텔 안에도 어학원과 유학관련업체가 있다. 학원사업 등에 대한 자세한 내용은 '대치북스 삼부작 시리즈', 3권 '대치동, 24시간 사업'에서 다룬다.

이 장, '대치동의 인프라'에서는 각각의 학원들이 어떤 특성들이 있는지는 별도로 다루지 않는다. 그 이유는 본 책은 대치동의 지리에 익숙해지도록 안내하는 것을 주목적으로 하는 책이기 때문이다. 또 다른 이유는, 대치동에서는 같은 시기에 많은 수의 학원이 새로 생겨나고, 또한 많은 수의 학원이 사라진다.

각 가정의 입장에서 보면, 학원에 대한 정보는 6개월을 가지 못한다. 왜냐하면, 6개월 동안에 학생들은 1~2회의 학교 시험을 치르는 등 여러 방면에서 평가를 거치게 된다. 시험 성적이 좋지 않거나, 여러가지 이유로 조금 다른 선택을 원한다면, 학원에 대한 또 다른 정보가 필요하기 때문이다.

대치동의 인프라를 이용할 수 있는 대치동 또는 주변 지역에 이사 오는 가정이 있다면, 학원에 대한 정보는 같은 학교 친구들이 수강하는 학원에 대한 정보로부터 시작해서 대체로 2~3주 이내로 파악이 된다. 어렵지 않다.

- 초등학교 배정

'중학교 배정' 장에서 설명했지만, 취학 전 자녀만 있는 가정이어서, 본 장부터 먼저 읽게 되는 독자들을 위해 다시 설명한다.

대치동은 강남구에 속한다. 강남구와 서초구는 서울특별시 강남교육지원청(http://www.knen.go.kr/)에서 관할하고 있다. 강남교육지원청은 각 가정 자녀의 중학교 배정, 초등학교 배정을 해준다. 고등학교 배정은 서울특별시 교육청에서 한다.

대치동 소재 초등학교에 배정을 받으려면, 10월 1일 이전에 대치 1동, 2동, 4동 주민센터에 전입신고하고 거주해야 한다. 대치 3동은 없다. 대치 2동으로 통합되었기 때문이다. 도로명 주소가 사용되고 있지만, 각 동 들은 명확하게 구분되어 있으며, 각 동 별로 각각 다른 동장이 관할하고 있다.

강남교육지원청에서 안내하는 초등학교 배정 절차는 다음과 같다.

ㄱ. 대치 1동, 2동, 4동장은 매년 10월 1일 현재 취학 대상 아동을 조사하여 명부를 작성한다.

ㄴ. 강남교육지원청 교육장은 아동들의 입학기일과, 통학구역을 결정하여, 11월 30일까지 동장들에게 통보한다.

ㄷ. 대치 1동, 2동, 4동장은 12월 20일까지 각 가정에 통보한다. 현재, 동 구분이 명확하지 않은 도로명 주소가 사용되지만, 초등학교 배정에 있어, 행정구역에 따른 대치 1동, 2동, 4동의 구분은 명확하다.

여러 자녀를 둔 가정에서는 고려해야 할 것이 있다. 10월 1일경은 민사고의 입시 전형이 진행되고 있는 기간이기도 하다. 11월 30일경은 외대부고의 입시 전형이 진행되고 있는 기간이기도 하다.

특별히, 여러 자녀를 둔 가정에 대해서 설명하는 이유는, 미리 계획을 세워서 각 자녀 별로 대비하지 않으면, 둘째 자녀, 셋째 자녀에 대해서는 소홀히 할 수 밖에 없게 된다. 입시는 준비가 덜 되었다고, 또는 바쁘고 여유가 없다고, 다시 준비해서 처음처럼 치를 수 있는 것이 아니다. 미리, 각 자녀의 입시 일정에 맞춘 치밀한 사전 계획이 필요하다.

저자가 대치동 소재 학원장을 하면서 초등학생 전학에 대해 느낀 것들이 있다. 전국의 어느 초등학교나 마찬가지 이겠지만, 학기 중에 대치동으로 전학을 오게 되면, 어린 나이에 친구가 없어서 큰 정신적인 어려움을 겪게 된다. 학원장인 저자에게 어려움을 털어 놓는 학생도 있었다. 매우 똑똑하고 우수한 학생이었지만, 큰 정신적인 어려움을 감당하기에는 너무 어리고 미숙했다. 몇 년의 시간이 흐른 후에야 안정을 찾게 되었다.

대치동에서는 초등학생들이 자유롭게 노는 시간이 매우 적은 편이다. 놀이를 하면서 친구를 자연스럽게 사귀는 일은 힘들 수도 있다.

　친구는 학교와 학원에서 사귀게 된다. 국제중 또는 유학을 목표로 하는 초등학생들이 많기 때문에 이에 관련되는 활동이 많다. 잠이 부족하거나 식사할 시간이 부족한 경우도 있다. 학원장인 저자의 경우에는, 항상 학원에 초코렛과 초코파이를 준비해 놓고 자유롭게 섭취할 수 있도록 해 주었다. 혹시라도, 학생들이 배탈이 나지 않도록, 정수기는 직수가 이용되는 품질 좋은 제품을 늘 사용했다. 어린 자녀가 대치동 소재의 초등학교를 다닐지 여부는 각 가정에서 여러 모로 신중하게 생각해 보아야 한다.

　초등학교 배정절차에서 설명된 것은 공립초등학교이다. 대치동에는 사립초등학교가 없다. 사립초등학교는 학교 내에서 모든 것을 해결해 주려 한다. 그 대신에, 학원은 다니지 않도록 하는 지침을 가지고 있는 사립초등학교 들이 있다. 이런 경우, 대치동에 거주하게 될 경우, 다소 어색하거나 자연스럽지 못함을 감수해야 하는 경우도 생길 수 있다.

　대치동으로 이사 오려는 가정 중에, 대치동에 오피스텔이 없는지 저자에게 질문하는 경우들이 있다. 대치동에는 오피스텔이 많지 않다. 찾아 본다면, 선릉역 주변 업무용 고층빌딩 지역 중 대치동 소재 지역에 오피스텔이 있다. 대치동 인접지역인 도곡동의 타워팰리스 1차, 2차, 3차 모두 오피스텔이 있다. 주로 특정한 동의 저층 부위가 오피스텔이다. 개포동 지역에서도 오피스텔을 찾을 수 있다. 짧은 기간의 임대차 계약이 가능한 오피스텔은 주로 겨울방학 시기에 대치동의 인프라를 이용하려는 가정들에 의해 많이 이용된다.

　만약, 주민등록을 이전하려는 가정이 있다면, 주민등록 전입 신고가 되는 오피스텔 인지부터 먼저 확인해야 한다.

(사진 설명: 학여울역 근처의 주유소 전경)

대치동에 많지 않은 것이 또 있다. 주유소를 찾기가 힘들다. 대치동의 지하철 학여울역 지역에는 여러 개의 주유소가 모여있다. 학여울역 지역을 제외하고는 주유소가 거의 없다. 은마아파트 단지 동쪽 끝 지역 또는 은마아파트 단지 북쪽 끝 지역 부근에서 각각 1개 정도의 주유소를 찾을 수 있을 정도이다.

(사진 설명: 은마아파트 단지 북쪽 끝 지역 부근에 위치한 주유소 전경)

　　인근의 지역들도 비슷한 상황이지만, 월 정기 주차를 할 수 있는 빌딩이 거의 없다. 주차장이 턱없이 부족하다.
　　선릉역 부근은 늘 교통 체증이 심한 편이다. 오후 10 시경에는 대치동에 차량 진입하지 않는 것이 좋다. 학원 수업들이 끝나면서, 교통정체가 아주 심하다. 이 부분은 '대치북스 삼부작 시리즈', 3 권 '대치동, 24 시간 사업'에서 다룬다.

(사진 설명: 계성초등학교 전경)

다시 설명하지만, 이 장에서 학교배정을 위해 설명된 초등학교는 공립초등학교들이다. 대치동과 대치동 주변지역에는 사립초등학교가 없다. 그렇지만, 사립초등학교의 스쿨버스들은 대치동을 경유한다. 대치동에서 가까운 사립초등학교는 서초구에 위치한 계성초등학교이다. 계성초등학교는 카톨릭계 학교이고, 교장 선생님은 수녀님 이시다.

- 초등학교 배정의 시작점인 대치동의 주민센터

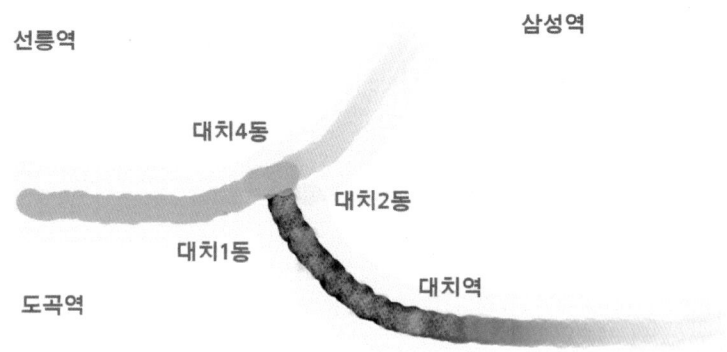

(그림 설명: 대치 1, 2, 4 동과 지하철역 위치를 개략적으로 보여주는 그림)

개략적인 그림이다. 그림에서는 대치 3 동이 표현되어 있지 않다. 대치 3 동은 대치 2 동으로 통합되었기 때문이다. 대치 2 동은 대치 1, 4 동에 비해 넓다. 이해를 돕기 위해 단순화된 그림이어서, 한티역, 학여울역이 생략되어 있다. 한티역은 도곡역과 선릉역 사이에 있으며, 학여울역은 대치역 오른쪽에 있다. 대치동에는 지하철역이 많다.

대치 1, 2, 4 동의 주민센터를 설명한다.

ㄱ. 대치 1 동 주민센터

(사진 설명: 성은교회 쪽에서 본 대치 1 동 주민센터 전경)

위치는 강남구 남부순환로북 41 길 19(대치동 646-2) 이다. 문의전화는 02) 3423-8320 이다. 도곡역에서 가까운 주민센터이며, 대치초등학교가 주위에 있다. 대치 1 동 주민센터는 성은교회 바로 옆에 있고, 길 건너편은 래미안 대치 청실 재건축 공사장 이다.

ㄴ. 대치 2동 주민센터

(사진 설명: 대치 2동 주민센터 전경)

위치는 강남구 영동대로서 63길 24(대치동 980-9) 이다. 문의전화는 02) 3423-8420, 학여울역과 삼성역 사이에 위치하며, 대현초등학교가 주위에 있다. 주택가 내에 위치하고 있어서 찾기 힘들 수도 있다. 미리 위치를 조사하고 방문해야 한다.

ㄷ. 대치 4 동 주민센터

(사진 설명: 대치 4 동 주민센터 전경)

위치는 서울특별시 강남구 도곡로북 49 길 23 (대치동 928-22 호) 이다. 문의전화는 02) 3423-8520 이며, 주택가 내에 위치한다. 가까운 지하철역은 한티역이다. 도곡초등학교가 주위에 있다. 도곡초등학교는 대치동에 위치한다. 비슷한 이름의 도성초등학교가 있는데, 이 학교는 도곡동에 위치한다. 대치 4 동 주민센터 주변은 도로 폭이 좁아서 차

량 진입하기에는 혼잡하다. 주민센터 길 건너편에는 작은 공원이 있다.

　저자가 80년대에 은마아파트에 거주할 당시에는 은마종합상가 안에도 주민센터와 예비군 중대사무실이 있었다. 그 당시에는 '동사무소'라고 했다. 저자는 서울대 80학번이다. 그 당시 대학생이었던 저자가 몇 분의 어른들과 함께, 동사무소에 들어 온 도둑을 현장범으로 잡았던 일이 아직도 기억에 생생하다. 그 때의 대치동은 지금처럼 학원가는 아니었다. 현재, 은마아파트는 대치 2동 관할지역이다.

- **'한티'와 '대치'는 '큰 언덕, 큰 고개'라는 같은 뜻이다.**

　저자가 대치동 소재 학원장을 할 때, 학원이 한티역 롯데백화점에서 5~10분 거리에 있었다. 대치동에 처음 방문하는 가정들은 '한티'라는 용어를 쉽게 알아 듣지 못했고, 잘 기억하지도 못했다. 서울에서 오랜 기간 거주했던 가정들도 마찬가지였다. 그래서 늘 롯데백화점이 강조되어 설명되곤 했다.

'대치'는 '큰 언덕, 큰 고개'이라는 의미의 한자어이며, '한티'는 순우리말이다. '한강'처럼 '한'은 '크다'는 의미이고, '티'는 '재'라는 우리말과 함께 '언덕, 고개'라는 뜻이다.

'큰 언덕, 큰 고개'는 어디인가? 지금의 단대부고 자리라고 한다. 지금도 다소 높기는 하지만, 1983년에 학교가 들어서면서, 언덕이 많이 깎여 나갔다. 만약, 대치동이 일산이나 분당처럼 신시가지로 개발되었다면, 일산의 정발산공원이나 분당의 율동공원 처럼 '큰 언덕, 큰 고개'는 보존되어 남아 있을 수 있었다고 본다. '큰 언덕, 큰 고개'의 능선은 지금도 남아있는데, 대치아이파크, 도곡렉슬을 거쳐 매봉터널 위로 연결된다. 이 능선에 연결된 지역들은 폭우가 오는 경우에도 피해가 적은 지역이다. 2011년도 여름 폭우로 대치역, 도곡역, 선릉역이 침수되었지만, 이 지역은 침수되지 않았다. 도곡렉슬의 서쪽 경계로 부터 매봉터널 위로는 꽤 큰 공원이 있다. 대치동 주민 중에도 이 공원을 모르는 분들이 간혹 있다.

또, 대치동은 과거에 '경기도 광주군 언주면'에 속해 있었기 때문에 '언주'라는 명칭이 '언주로', '언주초등학교', '언주중학교'라는 형태로 대치동 주변지역에 남아있다.

대치동에 살게 되면, '대치동', '소치동'이라는 말을 듣게 될 수도 있다. '대치동'은 재개발, 재건축이 끝난 새롭고 산뜻한 아파트 단지를 의미하며, '소치동'은 옛날 구 동네인 연립주택 지역을 의미한다. '대치동'에 살다가 전세가나 월세가가 급등해서 '소치동'으로 이사했다는 표현을 쓰기도 한다. '대치동', '소치동'을 막론하고, 대부분의 가정들이 교육열이 매우 높다.

- **고등학교 배정**

'중학교 배정' 장에서 설명했지만, 중학생 자녀만 있어서, 본 장부터 먼저 읽게 되는 독자들을 위해 다시 설명한다.

대치동은 강남구에 속한다. 강남구와 서초구는 서울특별시 강남교육지원청(http://www.knen.go.kr/)에서 관할하고 있다. 강남교육지원청은 각 가정 자녀의 중학교 배정, 초등학교 배정을 해준다. 고등학교 배정은 서울특별시 교육청(http://www.sen.go.kr/)에서 한다.

고등학교 배정에서, 서울특별시 교육청은 '후기 일반고등학교'라는 표현을 사용한다. 고등학교 배정은 2월 7일 경에 발표되는데, 이 때는 입시를 치르는 다른 고등학교들의 전형이 끝난 후이다.

서울특별시 교육청 안내에 따른 고등학교 배정절차는,

ㄱ. 고교선택제에 따라, 1단계로, 각 가정은 서울시 전

지역의 모든 후기 일반고등학교 중 진학을 희망하는 서로 다른 2 개교(1 지망학교와 2 지망학교) 지원 한다.

　ㄴ. 2 단계로, 각 가정은 거주 지역 학교군의 모든 후기 일반고등학교 중 진학을 희망하는 서로 다른 2 개교(1 지망학교와 2 지망학교) 지원한다.

　많은 가정들이, 1 단계 지망학교와 2 단계 지망학교의 전부 또는 일부가 중복되게 지원하게 된다. 2014 년도 경우, 2 월 7 일(금)에 고등학교 배정 내용이 출신 중학교에 배부되는 방식으로 학교 배정이 발표되었다.

　배정받은 고등학교에 입학 신고와 등록기간은 2 월 10 일(월)부터 13 일(목)까지 였다. 배정시 '통학편의'가 고려되므로, 배정을 원하는 학교근처로 주소이전이 되어 있어야 해당 학교로 배정될 가능성이 크다.

　여기에서도, 여러 자녀를 둔 가정에서는 고려해야 할 것이 있다. 2월 10일(월)경은 영재고교의 4월, 5월 입학전형을 코 앞에 앞둔 시기이다. 3월 개학 후에 입시 전형을 준비하면 너무 늦다.

또, 미국 대학들의 정시(Regular Admission) 전형이 진행 중인 상태이다. 현재, 하버드(Harvard), 프린스턴(Princeton), 스탠포드(Stanford), 예일(Yale)이 모두 수시(Early Admission)지원이 가능한 상태이다. 자세한 내용은 '대치북스 삼부작 시리즈', 2권 '대치동, 사계절 입시'에서 다룬다.

- 타워팰리스, 도곡역 주변지역의 학교

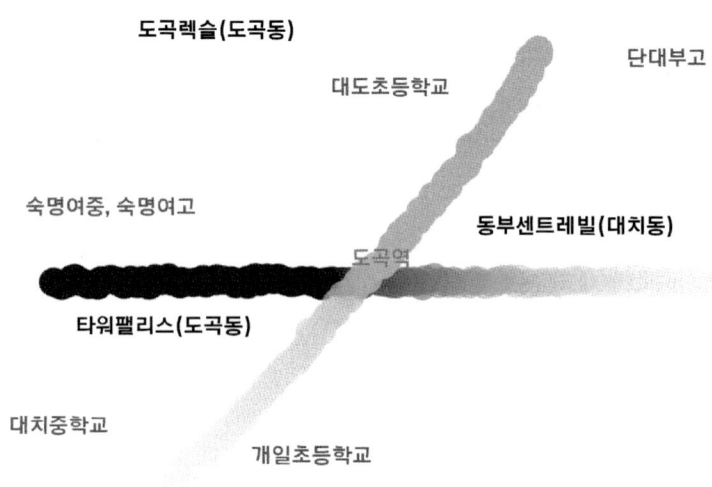

(그림 설명: 타워팰리스, 도곡역 주변지역)

앞 부분에서 설명했지만, 본 장부터 먼저 읽게 되는 독자들을 위해 다시 설명한다.

그림은 타워팰리스, 지하철 도곡역 주변 지역이다. 쉽게 이해되도록 단순하게 표현되어 있다. 도곡역은 3호선과 분당선의 환승역이다. 위의 그림에는 주거단지와 학교가 표시되어 있다.

대치동 지역에 대한 빠르고 쉬운 이해를 돕기 위한 그림이어서 모든 주거단지와 모든 학교가 다 표시되어 있지는 않다. 또 건물 간의 거리 간격이나 위치는 정밀하지 않다.

같은 도곡역 주변이지만, 그림에 표시되어 있듯이, 타워팰리스는 도곡동에 위치한다. 반면에, 동부센트레빌은 대치동에 위치한다. 도곡역 출구 중 일부는 대치동에 위치한다.

그림에 나타나 있는 학교 중에서, 단대부고 만이 대치동 소재의 학교이다. 대치중학교는 학교 이름에는 "대치"가 들어 있지만, 대치동이 아니고, 도곡동에 위치한다. 그렇지만, '대치동의 인프라'를 이용하기에는 아무 지장이 없다.

그림에 나타나 있지 않은 학교들로 대치초등학교, 구룡중학교, 대청중학교, 중대부고, 개포고, 경기여고 등이 있다. 먼저, 그림에 표시된 학교들을 초등학교, 중학교, 고등학교 순으로 설명한다. 관심이 있는 학교이어서 더 자세한 내용을 알고 싶은 경우에는, 소개되어 있는 학교 홈페이지를 통해서 추가 정보를 얻을 수 있다.

타워팰리스, 도곡역 주변 지역에는 학교이름에 "대"자가 들어있는 학교들이 많다. '대'도초등학교, 단'대'부고, 단'대'부중, '대'치중학교, '대'치초등학교, '대'청중학교, 중'대'부고 들이 그렇다.

또 삼성역 부근의 대치동에는 '대'현초등학교가 있으며, 대치역 부근에는 '대'곡초등학교가 있다.

대치동 주변에 '대'모초등학교, '대'왕초등학교, '대'진초등학교도 있다. 처음에는 상당히 혼동된다. 메모하되, 학교 이름을 정확하게 기재하지 않으면, 조사 또는 파악을 다시 해야 하는 일이 벌어질 수 있다.

o 대도초등학교

(사진 설명: 동부센트레빌 쪽에서 본 대도초등학교 전경)

사진 중앙에 보이는 건물이 대도초등학교이다. 학교 건물 뒤로 도곡렉슬이 보인다. 정식명칭은 '서울대도초등학교'이다.

(사진 설명: 대도초등학교 전경)

. 주소 : 강남구 선릉로 209(도곡동)

. 학교 주변 아파트 : 도곡렉슬, 타워팰리스, 동부센트레빌, 대치아이파크 등이다. 도곡렉슬, 타워팰리스는 도곡동에 위치하며, 동부센트레빌, 대치아이파크는 대치동에 위치한다.

. 개교년도 : 1980 년

(대치동 소재 도곡초등학교의 학생 일부를 인수해서 개교 했다.)

. 2013년 2월, 469명 졸업

(졸업생수는 해당년도에 졸업하는 한 학년의 학생수이다.)

. 2014년도 학생수: 1,763명, 학급수 : 52

. 학급당 평균학생수 : 33.9명

. 홈페이지 주소 : http://www.s-daedo.es.kr/

홈페이지 주소에, 초등학교는 'es'라는 단어가 포함된다. 중학교는 'ms', 고등학교는 'hs'라는 단어가 포함된다. 예를 들면, 숙명여중 홈페이지는 http://www.sookmyung.ms.kr/ 이고, 숙명여고는 http://www.sookmyung.hs.kr/ 이다.

단대부중은 http://dankook.ms.kr/이다. 단대부고는 'hs'를 포함하지만, http://dan-kook.hs.kr/ 이다.

http://dankook.hs.kr/ 은 단국공업고등학교의 홈페이지이다.

o 개일초등학교

(사진 설명: 개일초등학교 전경)

사진에서 정문이 보이는 학교가 개일초등학교이다. 개일초등학교 뒤로 타워팰리스 1 차 A, B, C 동이 보인다. 정식명칭은 '서울개일초등학교'이다.

. 주소 : 강남구 개포로 401 (개포 2 동 174)

. 학교 주변 아파트 : 타워팰리스, 개포우성 9 차 아파트, 개포우성 3 차 아파트가 있다. (학교 주변에 지하철 구룡역이 있

다.)

. 개교년도 : 1988 년

. 2013 년 2 월, 167 명 졸업

. 2014 년도 학생수: 733 명, 학급수 : 30

. 학급당 평균학생수 : 24.4 명

. 홈페이지 주소 : http://www.gaeil.es.kr/

개일초등학교와 이름이 비슷한 초등학교들이 주위에 있다. 개포초등학교와 개원초등학교이다. 개포초등학교는 개포주공 4 단지에 있으며, 주위에 경기여고, 개포동역이 있다. 개원초등학교는 개포 1 동에 위치한다. 개포동에는 '개'자가 포함된 학교이름 들이 많다. 혼동하지 않도록 주의해야 한다.

대치동의 학원들은 전국의 가정들을 상대하게 된다. 위에서 열거한 학교 중에 개원초등학교는 같은 이름의 학교가 다른 지역에도 있다. 대치동의 인프라를 이용하는 가정 중에는 부산에 거주하는 가정들도 있다. 이 가정들 중 일부는 부산의 개원초등학교를 알고 있다. 부산의 개원초등학교는 'KAIST 부설 한국과학영재학교' 부근에 있는 초등학교이다.

한국과학영재학교는 부산광역시 부산진구 당감 3 동에 위치하며, 영재고등학교이다. 한국과학영재학교는 '대치북스 삼부작 시리즈', 2 권 '대치동, 사계절 입시"에서 다룬다.

o 대치중학교

(사진 설명: 대치중학교 전경)

　사진에서 정문이 보이는 학교가 대치중학교이다. 남녀공학이다. 학교 이름과는 달리, 도곡동에 소재한 학교이다. '대치동의 인프라'를 이용하기에는 아무 지장이 없다.

. 주소 : 강남구 남부순환로 378 길 39
. 학교 주변 아파트 : 도곡개포우성 4 차아파트, 도곡개

포우성 5차아파트, 타워팰리스 등 (학교 주변에 지하철 매봉역이 있다.)

. 개교년도 : 1986년

. 2014년도 학생수: 856명, 학급수 : 27

. 학급당 평균학생수 : 31.7명

. 홈페이지 주소 : http://www.daechi.ms.kr/

　평상시 생활 속에서, 대치동의 행정구역을 정확하게 구분하기는 어렵다. 대치동에 이사 온 지 몇 년이 지나도, 정확하게 대치동의 행정구역을 정확하게 구분 못하는 가정들이 있다. 필자가 운영하던 대치동 소재의 학원의 바로 옆 건물에 기업은행이 있었는데, 은행지점 명칭이 "기업은행 도곡동 지점"이다. 이 지점의 현재 행정구역은 대치동이다. 대치중학교는 도곡동에 위치한다. 행정구역 개편 전인 과거에 대치동 지역이었기 때문에 명칭이 "대치"로 붙어있는 것이다. '대치동의 인프라'를 이용하기에는 아무런 지장이 없다.

o 단대부고, 단대부중

단대부고, 단대부중, 단국공업고등학교는 한 곳에 모여 있으며, 대치동에 위치한다.

(사진 설명: 단대부고 전경)

먼저, 단대부고에 대해 살펴본다. 정식명칭은 '단국대학교 사범대학 부속고등학교'이다. 사립이며, 남고 이다.

. 주소 : 서울특별시 강남구 도곡로 64길 21 (대치동 1013

번지)

. 학교 주변 아파트 : 대치 아이파크, 동부센트레빌, 대치삼성래미안아파트, 타워팰리스, 도곡렉슬 등

. 개교년도 : 1947 년

. 2014 년 2 월, 533 명 졸업

. 2014 년도 학생수 : 1,704 명, 학급수 : 42

. 학급당 평균학생수 : 40.6 명

. 홈페이지 주소 : http://dan-kook.hs.kr/

. 학교 주변 중학교 : 단국대학교 사범대학 부속중학교

단대부중의 정식명칭은 '단국대학교 사범대학 부속중학교'이다. 남중이다.

. 주소 : 서울특별시 강남구 대치 1 동 도곡로 64 길 21
    (산 1013 번지)

. 학교 주변 아파트 : 대치아이파크, 동부센트레빌, 대치삼성래미안, 타워팰리스, 도곡렉슬 등

. 개교년도 : 1941 년

. 2014 년도 학생수 : 599 명, 학급수 : 18

. 학급당 평균학생수 : 33.3 명

. 홈페이지 주소 : http://dankook.ms.kr

. 학교 주변 초등학교 : 대도초등학교, 도곡초등학교

o 숙명여고, 숙명여중

　숙명여고, 숙명여중은 한 곳에 모여 있으며, 도곡동에 위치한다.

(사진 설명 : 숙명여고, 숙명여중 전경)

먼저, 숙명여고에 대해 살펴본다. 사립이다. 학교 명칭에 여고라는 용어가 들어있어 남녀공학으로 혼동되는 일은 없다. 반면에, 단대부고는 남녀공학으로 혼동되는 일이 있다.

. 주소 : 서울특별시 강남구 남부순환로 2807(도곡동 91)

. 학교 주변 아파트: 타워팰리스, 동부센트레빌 등

. 개교년도 : 1906 년

. 2014 년도 학급수 : 44

. 홈페이지 주소 : http://www.sookmyung.hs.kr/

. 학교 주변 중학교 : 숙명여중

숙명여중 역시 사립이다. 학교 명칭에 여중 이라는 용어가 들어있어 남녀공학으로 혼동되는 일은 없다. 반면에, 단대부중은 남녀공학으로 혼동되는 일이 있다.

. 주소 : 서울특별시 강남구 남부순환로 2807 (도곡동 91)

. 학교 주변 아파트: 타워팰리스, 동부센트레빌 등

. 개교년도 : 1906 년

. 2014 년도 학생수: 892 명, 학급수 : 27

. 학급당 평균학생수 : 33.0 명
. 홈페이지 주소 : http://www.sookmyung.ms.kr/
. 학교 주변 초등학교 : 대도초등학교

타워팰리스, 도곡역 주변에 거주하는 가정 가운데, 자녀가 여럿인 가정 중에는, 첫째 자녀가 숙명여고에 다니고, 둘째가 숙명여중에 다니며, 셋째가 대도초등학교에 다니는 가정들이 있다.

그림에 나타나 있지 않은 학교들로는 대치초등학교, 구룡중학교, 대청중학교, 중대부고, 개포고, 경기여고 등이 있다. 초등학교, 중학교, 고등학교 순으로 살펴본다.

o 대치초등학교

(사진 설명: 대치초등학교 전경)

사진에서 정문이 보이는 학교가 대치초등학교이다. 대치초등학교의 정식명칭은 '서울대치초등학교'이다. 대치초등학교와 대도초등학교는 서로 가까운 거리에 있고, 두 학교 학생들 중에는 어릴 때부터 친구 들인 경우도 있다.

. 주소 : 강남구 대치동 505 (서울 강남구 양재천길 363)

． 학교 주변 아파트 : 선경아파트, 개포우성 1 차, 2 차 아파트 (개포우성 1 차, 2 차 아파트는 '개포'라는 명칭이 붙어 있지만, 대치동 소재 아파트 이다.)

． 개교년도 : 1984 년
(대도초등학교의 학생일부를 인수해서 개교 했다.)

． 2011 년 2 월, 총 454 명 졸업

． 2014 년도 학생수: 948 명, 학급수 : 43

． 학급당 평균학생수 : 22.0 명

． 홈페이지 주소 : http://www.daechi.es.kr/

o 구룡중학교

　　구룡중학교는 개포동에 위치한다. 남녀공학이다. 타워팰리스에 거주하는 가정들은 구룡중학교로 배정을 받게 되기도 한다.

　　특히, 타워팰리스 1 차인 A, B, C, D 동은 구룡중학교와 통학거리가 가깝다.

． 주소 : 서울시 강남구 선릉로 103 (강남구 개포동 650)

． 학교 주변 아파트 : 타워팰리스, 개포우성 3 차 아파트

(사진 설명: 타워팰리스 쪽에서 본 구룡중학교 전경)

. 개교년도 : 1989 년

. 2013 년 2 월, 357 명 졸업

. 2014 년도 학생수 : 845 명, 학급수 : 27

               (추가로, 학생수 6 명의 특수 학급이 있음)

. 학급당 평균학생수 : 31.3 명

. 홈페이지 주소 : http://www.gury.ms.kr/

. 학교 주변 초등학교 : 개일초등학교

개포동에 구룡산이 있다. 그 산기슭에 자리 잡고 있는 마을이 구룡마을이다. 구룡마을은 언론에 자주 등장한다. '구룡'이라는 명칭이 구룡중학교 이외에도 구룡초등학교, 구룡역, 구룡터널에도 포함된다. 구룡터널은 분당과 대치동을 빠르게 연결해주는 지름길이기도 하다.

경기도 남부지역에서 승용차로 대치동을 방문하는 경우, 용서고속도로를 이용해서 서판교 IC 또는 고등 IC 로 나온 후에, 구룡터널을 거쳐서 대치동으로 진입하는 경로도 지름길이 된다. 구룡터널을 나온 후 직진하면, 타워팰리스 G 동 인근으로 진입하게 된다.

용서고속도로의 정식명칭은 "용인서울고속도로"이다. 서판교 IC 보다는 고등 IC 쪽이 한적한 지역을 통과하게 된다. 서판교 IC 를 이용하는 경우에는 판교테크노밸리를 포함한 서판교 도심을 통과하게 된다. 이 책자를 포함한 '대치북스 삼부작 시리즈'를 출판하는 '도서출판 대치'는 판교테크노밸리 인근에 주사무소가 있다. 저자도 자주 판교테크노밸리에서 식사를 한다.

오산, 동탄지역에서는 용서고속도로의 광교상현 IC (광교 IC 라고도 한다.) 로 진입하는 도로가 연결되어 있기도 하다.

경기도 북부지역에서 승용차로 대치동을 방문하는 경우, 그다지 지름길이 없다. 토요일 새벽 시간을 이용해서 대치동에 빠르게 진입할 수는 있다. 그렇지만, 그 시간대에는 대치동의 인프라를 제대로 파악하기 힘들다. 대치동에서 아침식사를 하고, 휴식을 취한 후에 대치동의 인프라를 파악할 수 있다.

대치동 방문에 대해서는 이 책의 "4장 낯설고 생소한 대치동, 처음 알아가기"에서 구체적으로 설명한다.

o 대청중학교

(사진 설명: 대청중학교 전경)

대청중학교는 대치동에 위치한다. 남녀공학이다.

개포우성 1 차, 2 차 아파트에 거주하는 가정들은 대청중학교로 배정을 받게 되기도 한다.

. 주소 : 서울특별시 강남구 양재천길 321

. 학교 주변 아파트 : 개포우성 1 차, 2 차 아파트 등

("개포" 라는 이름이 붙어 있지만, 대치동 소재 아파트 이다.)

. 개교년도 : 1987 년

. 2014 년 2 월, 387 명 졸업

. 2014 년도 학생수: 1,097 명, 학급수 : 32

(추가로, 학생수 4 명의 특수 학급이 있음)

. 학급당 평균학생수 : 34.3 명

. 홈페이지 주소 : http://daecheong.ms.kr

. 학교 주변 초등학교 : 대치초등학교

o 중대부고

(사진 설명: 중대부고 진입로 전경)

중대부고는 도곡동에 위치한다. 남녀공학이다. 정식명칭은 "중앙대학교 사범대학 부속고등학교"이다. 도곡렉슬, 동부센트레빌, 타월팰리스에 거주하는 가정들은 중대부고로 배정을 받게 되기도 한다. 사진에서 도로 오른편 담장은 대도초등학교의 담장이다. 왼쪽 담장은 숙명여중의 담장이다.

．주소 : 서울특별시 강남구 선릉로 207 (도곡동 108 번지)

．학교 주변 아파트 : 도곡렉슬, 동부센트레빌, 타워팰리스

．개교년도 : 1934 년

．홈페이지 주소 : http://cau.hs.kr/

．학교 주변 중학교 : 숙명여중, 단대부중

　중대부고는 대로변에서는 눈에 잘 띄지 않는다. 학교가 위치한 부지가 부동산에 말하는 '맹지'이다. 도로에 접하지 않은 땅이다. 대도초등학교와 숙명여중 사이에 조성된 작은 진입로를 통해 접근이 가능한 부지이다. 학교 진입로에만 들어서도 조용한 느낌이 든다.

o 개포고등학교

　남녀공학이다. 개일초등학교 건너편에 있다.

．주소 : 강남구 개포동길 402

．학교 주변 아파트 : 개포우성 9 차 아파트, 개포우성 3 차 아파트가 있다. (학교 주변에 지하철 구룡역이 있다.)

(사진 설명: 개포고등학교 전경)

사진에서 정문이 보이는 학교가 개포고등학교이다.

. 개교년도 : 1987 년

. 2013 년 2 월, 431 명 졸업

. 홈페이지 주소 : http://www.gaepo.hs.kr/

o 경기여고

(사진 설명: 경기여고 전경)

개포 2동, 달터근린공원 주위에 위치한다. 경기여고에 배정 받고자 하는 가정들이 있다. 학교 주변에 거주해야 배정 받을 가능성이 높다.

. 주소 : 서울특별시 강남구 삼성로 29 (개포 2동)

. 학교 주변 아파트 : 개포 주공 **3,4,5** 단지

　　(학교 주변에 지하철 개포동역이 있다.)

. 개교년도 : 1908 년

. 2012 년 2 월, 583 명 졸업

. 홈페이지 주소 : http://www.kgg.hs.kr/

2. 은마아파트, 대치역 주변지역과 삼성역, 상업용 고층빌딩 주변지역

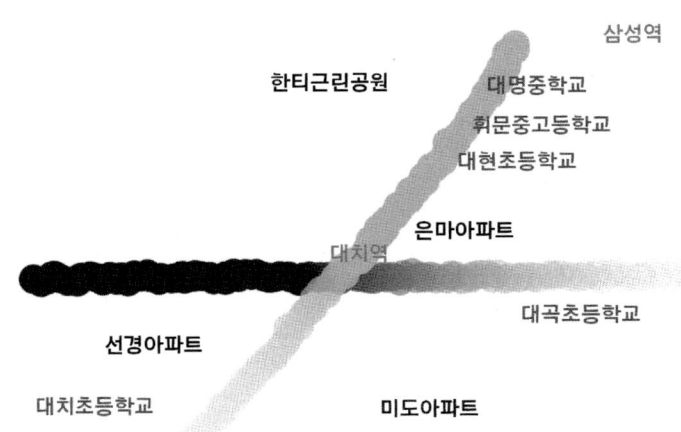

(그림 설명: 은마아파트, 대치역 주변지역과 삼성역,
상업용 고층빌딩 주변지역)

　은마아파트, 대치역 주변지역과 삼성역, 상업용 고층빌딩 주변지역이다. 쉽게 이해되도록 단순하게 표현되어 있다. 위의 그림에는 주거단지, 공원과 학교가 표시되어 있다.

　대치동 지역에 대한 빠르고 쉬운 이해를 돕기 위한 그림이어서 모든 주거단지와 학교가 다 표시되어 있지는 않다.

대치역 오른편에 학여울역이 있지만 생략했다. 또 건물 간의 거리 간격이나 위치는 정밀하지 않다.

그림에 표시된 모든 주거단지와 학교가 대치동에 위치한다. 대치동의 오래된 아파트 들은 대체로 남향이다. 또, 지하주차장이 없다.

- **은마아파트**

(사진 설명 : 대치역 주변 전경)

사진은 개포동 쪽에서 대치역으로 접근하면서 보게 되는 전경이다. 사진 중앙의 아파트가 은마아파트이다. 은마아파트 전면에는 '은마종합상가'가 있다.

(사진 설명 : 은마아파트 전경)

저자는 80년대에 은마아파트에 거주했다. 당시에는 아파트 동 사이 사이에 작은 어린이 놀이터가 있었다. 저자는 서울대 80 학번이다. 어린이들에게는 재미난 놀이터였지만, 저자에게는 아주 시끄러운 소음 발생원 이었다. 저자도 가끔 놀이터에 나가 앉아 있곤 했다. 이 습관이 남아 있어서 그런지 대치동 소재 학원장일때도 시간이 나면, 도성초등학교 운동장에 가서 앉아 있곤 했다. 가끔 도곡초등학교, 대도초등학교, 단국중고등학교로 산책 가기도 했는데, 우연히 만난 학생을 나중에 지도하게 된 적도 있었다.

도성초등학교, 대도초등학교는 도곡동에 있고, 도곡초등학교, 단국중고등학교는 대치동에 있다. 도곡초등학교는 '도곡'이라는 명칭이 포함되어 있지만, 대치동 소재 학교이다. 도성초등학교, 대도초등학교 모두 대치동의 인프라를 이용하기에는 아무 지장이 없다.

그 때는 대치동이 아직 학원가가 아니었다. 어린이들이 방과 후 오후부터 시작해서 저녁에 해가 지도록 놀이터에서 놀았다. 저녁 식사 즈음, 각 층의 각 가정의 어머님들이 복도에 서서 놀이터 쪽을 내려다 보며 어린이들을 부르곤 했다. 그 때 대치동 어린이들이 지금의 대치동 어린이들보다 행복하지 않았을까 하는 생각이 든다. 중고등학교 입시는 평준화 되었고, 아직 국제중이나 특목고, 자사고가 생기기 전 시기이다. 나이 어린 아이들은 은마아파트를 '엄마아파트'라고 불렀다. 엄마가 있는 포근한 아파트라고 생각했던 것 같다. 그러나, 어머님들은 은마아파트를 다른 이름으로 불렀다. 그 이름을 책에 기재하기에는 그렇고, 저자가 강연을 하거나 할 때 설명해 줄 것을 약속한다.

지금은 놀이터가 주차장으로 바뀌었다. 놀이터에서 놀 어린이도 없다. 아이러니컬 하게도, 과거 '엄마아파트' 놀이터에서 놀던 어린이들을 포함한 대치동 어린이들의 일부는 지금 대치동 엄마, 아빠가 되었다. 대치동에서 여러 종류의 사업을 하고 있기도 하다.

은마종합상가는 그야말로 명실상부한 종합상가 였다. 감기 걸리면, 상가 안의 병원에 가고, 은행도 있고, 시장도 상가 안에 있었다. 2층에 도장 파는 가게가 있었는데, 그곳에서 판 원형 목도장을 지금까지 사용하고 있다. 목도장 가격은 5,000원 이었다. 그 당시 목도장 가격으로는 비싼 것이었다. 평생 쓰도록 만들어 주시겠다고 했는데, 꽤 오래 사용하고 있다.

지금도 은마종합상가는 은마아파트와 주변 지역 주민들로 붐비는 곳이다. 근처 직장인들이 저렴하고도 맛있게 식사할 수 있는 곳이기도 하다. 맛집들은 길게 줄을 서야 음식을 먹을 수 있다. 은마종합상가 주차장은 유료 주차장이다. 주차장 출입구 중에 폭이 좁은 출입구가 있다. 승용차의 표면이 긁히기 쉬우니 각별히 운전 조심해야 한다.

새로 재건축되는 아파트들은 남향을 포함해서 방향이 다양하다. 지하주차장이 있어서 주차가 편리하다.

- 삼성역 주변 상업용 고층빌딩 지역

(사진 설명: COEX 쪽에서 본 삼성역 부근 전경)

사진에서 오른쪽 높은 건물은 '글라스타워'이고 왼쪽 높은 건물은 '파크하얏트서울호텔'이다. 두 건물 모두 대치동에 위치한다. 삼성역에 인접한 COEX(코엑스)는 삼성동에 위치한다.

저자는 삼성동에 위치한 경기고 출신이다. 강남구 신사동에 살면서 통학을 했다. 고등학교 재학시 COEX 일대는 '논'이었다.

(사진 설명 : 삼성역 주변 전경)

　사진은 선릉역 쪽에서 삼성역으로 접근하면서 보게 되는 전경이다.
　고등학교 재학시, COEX 근처에 아파트는 잠실 주공아파트 밖에 없었다. 주위 고등학교는 청담동에 위치한 영동고등학교, 대치동에 위치한 휘문고등학교 밖에 없었다. 전부 남자 고등학교여서 통학길 버스에는 삭막하게도 남자들만 있었다. 어느 날, 여고생과 여중생이 버스에 탔다.

진선여중, 진선여고가 개교를 한 것이었다. 그 때 '세상의 절반은 여성'이라는 말이 실감이 났다. 1977 년도의 일인데, 저자는 고 2 였다. 저자의 가족, 친지들 중에도 진선여중 출신이 있다. 친지들 중에도 경기고 출신들이 있다.

경기고등학교 주변에는 봉은사 밖에 없었다. 경기고는 학교 전통이 있어서 특별한 행사들이 있었다. 매년 '5km 단축 마라톤 대회'를 했다. 학교 주변에 건물이 없어서 건물이 만들어 주는 그늘도 없는 뜨거운 도로 위를 5km 완주해야만 했다. 아름다운 추억이다. '9 대 공립고등학교 체육대회'를 공설운동장에서 했다. 응원전이 아주 치열했다. 한 달 정도 응원 연습을 했다. 응원 구호가 각 학교마다 달랐다. 9 개 학교가 경기 하면서 응원을 하는 것이어서, 대학의 연고전 보다 더 규모도 크고, 강렬한 인상을 남겨주었다. 9 대 공립고등학교는 경기고, 서울고, 경복고, 여의도고 등이었다. 경기고의 교훈은 "자유인, 문화인, 평화인"이다. 서울대의 'VERITAS LUX MEA(진리는 나의 빛)" 만큼 마음 속에 오래 남아있다.

지금 보다는 그때가 오히려 "미국 유학 갈 때 활용할 수 있는 교과외활동(Extracurriculum)"이 더 다양하고 풍성하지 않았나 하는 생각이 든다. 전국 모집 단위 자사고 학생들의 경우에도, 미국 유학 준비 시 고교 재학 중 교과외활동(Extracurriculum)이 부족한 경우가 있다. 특히, 아이비리그를 목표로 대비하는 경우에는 어려움이 있기도 하다.

졸업할 때 쯤 학교 건너편 부지에 건물 공사를 하고 있었는데, '현대양행' 건물이었다. 이후 현대양행 자리에 '한국중공업' 건물이 들어섰고, 이후 그 자리에 현재의 '삼성 아이파크'가 들어섰다.

삼성역의 대치동 지역은 상업용 고층빌딩지역이며, '먹자골목'이다. 대명중학교 바로 앞까지도 음식점들이 늘어서 있다. 상업지역이며, 학원가는 아니다.

- 은마아파트, 대치역 주변지역과 삼성역, 상업용 고층빌딩 주변지역의 학교

대곡초등학교, 대치초등학교, 대현초등학교, 휘문중고등학교, 대명중학교 순으로 설명한다. 대치초등학교는 1장에서 설명했지만, 본 장부터 읽게 되는 독자들을 위해 다시 설명한다. 대치초등학교는 도곡역과 대치역 중간에 위치하고 있는데, 대치역과 약간 더 가깝다.

o 대곡초등학교

(사진 설명: 대곡초등학교 전경)

사진에서 정문이 보이는 학교가 대곡초등학교이다. 학교 뒤로 미도아파트가 보인다. 은마아파트, 미도아파트 모두 한보그룹에서 건설한 것이다.

대곡초등학교의 정식명칭은 '서울대곡초등학교'이다. 고양시, 대구를 비롯해서 전국에 대곡초등학교가 다수 있다. 혹시 혼동하지 않도록 주의해야 한다.

은마아파트, 미도아파트 가정들이 많이 배정 받게 되는 학교이다. 대곡초등학교를 졸업하고, 진선여중이나 단대부중으로 배정되기도 한다.

. 주소 : 서울시 강남구 대치 2 동 510 번지 (남부순환로 3022)

. 학교 주변 아파트 : 은마아파트, 한보미도맨션 1 차, 2 차 아파트, 선경아파트 (한보미도맨션은 미도아파트 라고도 한다.)

. 개교년도 : 1982 년

. 2014 년 2 월, 293 명 졸업

. 2014년도 학생수: 1,089명, 학급수 : 39

(추가로 자율반 1학급이 있다.)

. 학급당 평균학생수 : 27.9 명

. 홈페이지 주소 : http://www.seouldaegok.es.kr/

o 대치초등학교

(사진 설명: 대치초등학교 전경)

사진에서 정문이 보이는 학교가 대치초등학교이다.

대치초등학교의 정식명칭은 '서울대치초등학교'이다.

. 주소 : 강남구 대치동 505 (서울 강남구 양재천길 363)

. 학교 주변 아파트 : 선경아파트, 개포우성 1차, 2차 아파트 (개포우성 1차, 2차 아파트는 '개포'라는 명칭이 붙어 있지만, 대치동 소재 아파트 이다.)

. 개교년도 : 1984년

(대도초등학교의 학생일부를 인수해서 개교 했다.)

. 2011년 2월, 총 454명 졸업

. 2014년도 학생수: 948명, 학급수 : 43

. 학급당 평균학생수 : 22.0명

. 홈페이지 주소 : http://www.daechi.es.kr/

o 대현초등학교

(사진 설명: 대현초등학교 정문 전경)

사진에서 정문이 보이는 학교가 대현초등학교이다. 대현초등학교의 정식명칭은 '서울대현초등학교'이다.

. 주소 : 서울특별시 강남구 역삼로 98길 16
. 학교 주변 : 연립주택 지역 내 위치 (휘문고등학교 주변 지역)
. 개교년도 : 1985년

(사진 설명: 대현초등학교 교실동 전경)

. 2014년 2월, 200명 졸업
. 2014년도 학생수: 578명, 학급수 : 27

       (학급수에는 특수 2학급이 포함되어 있지 않지만,
       학생수에는 특수 2학급 학생수가 포함되어 있다.)

. 학급당 평균학생수 : 21.4명
. 홈페이지 주소 : http://www.daehyun-e.es.kr

대현초등학교를 졸업하고, 휘문중학교나 대명중학교로 배정되기도 한다.

휘문중학교나 대명중학교를 졸업한 후에 휘문고등학교로 배정되지는 않는다. 왜냐하면, 휘문고등학교는 2011년 3월 이후로 자사고이기 때문이다.

휘문고등학교는 11월 20일경에 서울지역 학생들을 대상으로 입시를 치른다. 휘문고는 대치동에서 유일한 자사고이다. 이 내용은 '대치북스 삼부작 시리즈', 2권, '대치동, 사계절 입시'에서 다룬다.

o 대명중학교

(사진 설명: 대명중학교 전경)

사진에서 정문이 보이는 학교가 대명중학교이다. 남녀공학이다. 삼성동역 '먹자골목'에 접해있다. 대명중학교는 휘문중고등학교와 담장이 붙어 있다.

．주소 : 강남구 역삼로 87길 26 (대치동 952)
．학교 주변 : 상업 빌딩 지역 내 위치

(지하철 삼성역 옆 글라스타워 주변 지역)

. 개교년도 : 1990 년

. 2014 년 2 월, 429 명 졸업

. 홈페이지 주소 : http://www.daemyeong.ms.kr/

. 학교 주변 초등학교 : 대현초등학교

o 휘문중고등학교

먼저 휘문중학교 부터 살펴본다. 남학교 이다.

. 주소 : 강남구 역삼로 541 (대치동)

. 학교 주변 : 상업 빌딩 지역 내 위치

(지하철 삼성역 옆 글라스타워 주변 지역)

. 개교년도 : 1904 년

. 홈페이지 주소 : http://whimoon.ms.kr/

. 학교 주변 초등학교 : 대현초등학교

(사진 설명: 휘문중고등학교 전경)

다음으로, 휘문고등학교를 살펴본다. 남고 이다.

. 개교년도 : 1906 년 (2011.3. 자율형사립고등학교로 인가 됨)

. 입학원서 접수 : 11 월 20 일 경

. 2014 년도 학생수: 1,329 명, 학급수 : 41
  학급당 평균학생수 : 32.4 명

. 홈페이지 주소 : http://whimoon.hs.kr/

3. 선릉역, 상업용 고층빌딩 주변지역

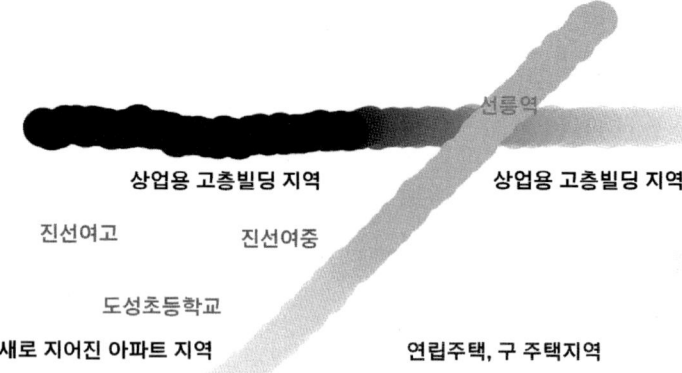

(그림 설명: 선릉역, 상업용 고층빌딩 주변지역)

　선릉역, 상업용 고층빌딩 주변지역이다. 쉽게 이해되도록 단순하게 표현되어 있다. 위의 그림에는 주거단지, 학교가 표시되어 있다.

　대치동 지역에 대한 빠르고 쉬운 이해를 돕기 위한 그림이어서 모든 주거단지와 학교가 다 표시되어 있지는 않다. 또 건물 간의 거리 간격이나 위치는 정밀하지 않다.

(사진 설명 : 선릉역 3번 출구를 보여주는 사진)

선릉역은 분당선과 2호선의 환승역 이다. 선릉역 주변에는 선정릉, 강남교육지원청, 서울본부세관, 라마다서울호텔 등이 위치한다.

선정릉은 조선 9대 임금인 성종의 능과 정현왕후의 능, 중종의 능이 있다.

(사진 설명 : 선정릉 전경)

저자는 70년대에 강남구 학동, 신사동에 살았다. 가끔 온 가족이 집에서 선정릉 까지 걸어서 소풍을 가곤 했다. 배나무 밭이 있는 산을 하나 넘었다. 선정릉 주위는 논이었다.

논둑길을 지나 걷다 보면 선정릉에 도착했다. 선정릉 주위에는 건물이 없었기 때문에 산만 넘으면 멀리서도 선정릉이 한 눈에 들어왔다.

이후 배나무 밭이 있던 산에 건물이 들어서기 시작했는데, 산 정상 부위에 들어선 건물이 관세청이었다. 그 당시 관세청 주위에 다른 건물이 없었다. 현재, 관세청 자리에는 서울본부세관이 있다.

(한국일보 2013.7.1.자에 실린 저자의 글, "서울대가 융합형 인재의 산실이 되려면")

저자는 서울대 80학번이다. 1980년도에 지금의 선릉역 주변인 라마다서울호텔 근처에 있는 사거리를 향해 걷고 있었다.

5.18이 있었던 시기여서 3명의 사복 경찰관으로 부터 불심검문을 받았던 곳이다. 그 때의 일을 포함한 "서울대가 융합형 인재의 산실이 되려면"이라는 글이 한국일보 2013.7.1.자에 실렸다.

스마트폰 구글 검색 "한국일보 서울대가 융합형 인재"로 검색하면 전체 글을 볼 수 있다. 강남교육청, 강남구청을 가기 위해 이 근처를 통과할 때면 그 때 불심검문 받던 일이 늘 생각이 난다. 어떻게 잊을 수 있겠는가?

- 선릉역 주변 상업용 고층빌딩 지역

(사진 설명 : 선릉역 주변 전경)

사진은 삼성역에서 선릉역 쪽으로 접근할 때 보게 되는 전경이다. 상업용 고층빌딩 지역이다.

사진에서 왼쪽 고층건물 들이 대치동 소재의 건물이다. 왼쪽 고층건물들 뒷면에 오피스텔, 먹자골목이 있다. 오른쪽 건물들은 삼성동 소재 건물이다.

(사진 설명 : 선릉역 주변 먹자골목 전경)

사진의 먹자골목은 선릉역 주변의 대치동에 위치한 부분이다. 저자도 대치동 학원을 운영할 때, 자주 이용하던 먹자골목이다.

- 선릉역, 상업용 고층빌딩 주변지역의 학교

　도곡초등학교, 도성초등학교, 진선여자중학교, 진선여자고등학교 순으로 설명한다.

　또, 그림에는 나타나 있지 않지만, 역삼중학교도 설명한다. 도곡초등학교만 대치동에 위치한다.

　도성초등학교, 진선여자중학교, 진선여자고등학교, 역삼중학교 역시 대치동의 인프라를 이용하기에 아무 지장이 없다.

o 도곡초등학교

(사진 설명: 도곡초등학교 전경)

사진에서 정문이 보이는 학교가 도곡초등학교이다. 도곡초등학교의 정식명칭은 '서울도곡초등학교'이다. 학교 이름에 '도곡'이 있지만 대치동에 위치한다. 경기도 광주, 평택을 비롯해서 전국에 도곡초등학교가 다수 있다. 혹시 혼동하지 않도록 주의해야 한다.

'도곡초등학교'는 학교 이름이 한 번 바뀌었는데, 원래 이름은 '대치국민학교'였다. 이 지역의 행정구역의 변경이 얼마나 자주 있었는지 알 수 있는 부분이기도 하다.

도곡초등학교는 이경지 여사가 기증한 부지에 세워진 학교이다. 도곡초등학교로 부터 대도초등학교, 도성초등학교, 대현초등학교 등으로 학생들이 분리되어 나갔다.

. 주소 : 서울특별시 강남구 선릉로 64길 33 (대치 4동 924-10)

. 학교 주변 : 연립주택, 구 주택 지역 내 위치

(지하철 한티역 옆 롯데백화점 주변 지역)

. 개교년도 : 1975년
. 홈페이지 주소 : http://www.dogok.es.kr/

o 도성초등학교

　도성초등학교의 정식명칭은 '서울도성초등학교'이다. 역삼동에 위치한다.

(사진 설명: 도성초등학교 전경)

. 주소 : 서울특별시 강남구 역삼로 313

. 학교 주변 : 새로 지어진 아파트 지역 내 위치

. 개교년도 : 1981 년

. 2013년 2월, 300명 졸업

. 2014년도 학생수 : 1,467명, 학급수 : 36

　　　　(추가로 특수학급 1학급이 있다.)

. 학급당 평균학생수 : 40.8명

. 홈페이지 주소 : http://seouldoseong.es.kr/

o 진선여자중학교

(사진설명: 진선여중 전경)

진선여자중학교는 역삼동에 위치한다. 불교계 진각종 종단에서 세운 학교이다. 진선여중과 진선여고는 한 곳에 모여 있다.

. 주소 : 강남구 선릉로 85 길 27
. 학교 주변 : 학교의 북쪽은 상업용 고층건물 지역이며, 남쪽은 새로 지어진 아파트 지역이다.

. 개교년도 : 1977 년
. 2013 년 2 월, 300 명 졸업

. 2014 년도 학생수 : 1,001 명, 학급수 : 30
. 학급당 평균학생수 : 33.4 명
. 홈페이지 주소 : http://www.jinseon.ms.kr/

o 진선여자고등학교

(사진 설명: 진선여고 전경)

진선여자고등학교는 역삼동에 있다. 불교계 진각종 종단에서 세운 학교이다.

. 주소 : 강남구 선릉로 85 길 27

. 학교 주변 : 학교의 북쪽은 상업용 고층건물 지역이며, 남쪽은 새로 지어진 아파트 지역이다.

. 개교년도 : 1977 년

. 홈페이지 주소 : http://www.jinseon.hs.kr/

o 역삼중학교

(사진 설명: 역삼중학교 전경)

역삼중학교는 역삼동에 위치한다. 남녀공학이다. 역삼중학교 학생들은 방과 후 학원에 가기 전에 도성초등학교 운동장에서 잠시 운동을 하기도 한다. 왜냐하면, 자신들이 졸업한 초등학교 이어서 친숙하기 때문이다.

. 주소 : 강남구 역삼 2 동 도곡로 43 길 10

. 학교 주변 : 새로 지어진 아파트 지역이다.

. 개교년도 : 1985 년
. 2014 년 2 월, 472 명 졸업

. 2014 년도 학생수 : 1,290 명, 학급수 : 35
. 학급당 평균학생수 : 36.9 명
. 홈페이지 주소 : http://www.yeoksam.ms.kr/

4. 낯설고 생소한 대치동, 처음 알아가기

(사진설명 : 한티역 부근 전경)

생활 속에서, 처음에는 낯설고 생소한 지역이 나중에는 자신에게 익숙한 지역이 되는 경우가 여러 가지 있다. 예를 들어, 부모님이 대치동에 거주하셔서, 익숙해지는 경우가 있다. 이런 경우에는 대치동의 상가 까지도 훤하게 알게 된다.

또, 자신이 다니는 직장이 대치동 지역이어서 익숙해지

는 경우가 있다. 이 경우에는 요일별 교통 체증의 정도, 식당가 분포, 커피 전문점, 24시간 음식점 등에 대해 해박한 지식을 갖게 된다.

(사진 설명 : 한티역 주변의 커피전문점, 음식점)

다른 경우로, 지금은 대치동에 살고 있지 않지만, 학창시절 대치동에 살면서 대치동 소재의 학교를 다닌 경험이 있다면, 대치동에 편하게 접근할 수 있다.

(사진 설명 : 약 40년 전인 1975년도에 개교한 도곡초등학교 후문 전경)

또는, 친언니나 친동생이 대치동에 살고 있다면, 역시, 대치동에 쉽게 접근할 수 있다.

그런데, 아무런 연고도 없는 지역이라면 익숙해지기가 쉽지 않다. 정말 어렵다.

주소, 지번 또는 도로명이 일목요연하면서도 꼼꼼하게

표시되어 있는 상세 지도 또는 인터넷에서 편리하게 검색해 볼 수 있는 지도가 있다. 그렇지만, 대치동 현지에 도착하면 낯설기는 마찬가지이다. 크게 도움이 되지 않는다.

서울의 다른 지역들도 마찬가지이지만, 대치동을 처음 방문하는 가정에게 '지하철역'은 언제나 찾기 쉬운 이정표가 될 수 있다. 특별히 대치동에는 지하철역이 많다.

(사진 설명: 지하철 도곡역, 왼쪽으로 타워팰리스가 보인다.)

지하철역은 승용차를 이용하는 낯선 이들에게도 한 눈에 잘 보인다. 또, 쉽게 이전 하거나 폐쇄 되거나 하지 않는다. 항상 그 곳에 있다. 아울러 지하철은 그 자체로 편리한 교통수단이 되기도 한다. 대치동의 지하철은 인프라 중의 인프라인 셈이다.

이 책에서는, 각 가정에서 쉽게 이해될 수 있도록, 대치동의 지하철 역 부근을 위주로 글을 시작하고 있다. 대치동의 이면도로는 일방통행이 많고, 주차장을 찾기 어렵다. 게다가 승용차에 주유를 하기 위한 주유소를 찾기도 역시 어렵다. 초행길 승용차 운전자에게는 정말 힘든 곳이다. 한편, 주유소는 연속되는 상권이 끊어지게 하는 역할을 하기도 한다. 대치동의 주유소들은 상가로 전환되는 과정을 거쳤다. 현재는 주유소가 드물기 때문에, 상가가 긴 거리 구간에 걸쳐 형성될 수 있는 독특한 조건을 가지고 있다. 긴 거리 구간에 형성된 상가들은 학원밀집지역을 이룬다.

- 대치동의 지하철 이용하기

　대치동을 처음 방문해 보는 가정 이라면, 서울 또는 수도권에 거주하는 가정인 경우, 지하철을 이용해 보길 권장한다. 또, 지방에서 승용차로 출발해서 대치동에 처음 방문해 보는 가정 이라면, 승용차는 지하철 환승 주차장에 안정되게 주차해 놓고, 지하철을 이용해 보길 권한다. 대치동 지리에 다소 익숙해지면, 두번째 방문부터는 승용차로도 어느 정도 편안하게 방문할 수 있다.

　지하철 환승 주차장 중 학여울역 주차장은 대치동에 위치하고 있지만, 전시장이 인접해 있어서 일년 내내 혼잡하다. 승용차를 안정되게 주차해 둘 수 있는 지하철 환승 주차장으로, 예를 들어, 24시간 연중무휴로 운영되는 수서역 주차장을 이용할 수 있다.

(사진 설명: 수서역 주차장 전경)

수서역과 수서역 주차장이 처음이고 낯선 가정을 위해 자세한 설명을 한다. 수서역은 대치동의 남쪽인 강남구 수서동에 위치한다. 수서역은 지하철 3호선과 분당선의 환승역이다.

수서역 주차장은 24시간 연중무휴로 운영된다. 주차요금은 신용카드로 결제해야 한다. 수서역 주차장은 서울특별시 시설관리공단(http://parking.sisul.or.kr/)이 운영하고 있다.

서울특별시 시설관리공단은 수서역 주차장 이외에도,

 a. 복정역 주차장 (송파구 장지동, 8호선과 분당선의 환승역, 24시간 연중무휴)

(사진 설명: 복정역 주차장 전경)

 b. 창동역 주차장 (도봉구 창4동, 4호선, 24시간 연중무휴)
 c. 도봉산역 주차장 (도봉구 도봉동, 1호선과 7호선의 환승역)

d. 천왕역 주차장 (구로구 오류동, 7 호선, 24 시간 연중무휴)

e. 개화산역 주차장 (강서구 방화동, 5 호선, 24 시간 연중무휴)

f. 화랑대역 주차장 (노원구 공릉동, 6 호선, 24 시간 연중무휴)
을 포함한 주차장들을 운영하고 있다.

대치동의 남쪽에 위치하면서 주차장을 가진 지하철역은 수서역과 복정역이다.

천왕역과 개화산역은 대치동의 북쪽에 위치하면서, 왼쪽편(서쪽편)에 위치한다.

개화산역은 김포공항에서 가까운 지하철역이다.

도봉산역, 창동역, 화랑대역은 대치동의 북쪽에 위치하면서, 오른편(동쪽편)에 위치한다.

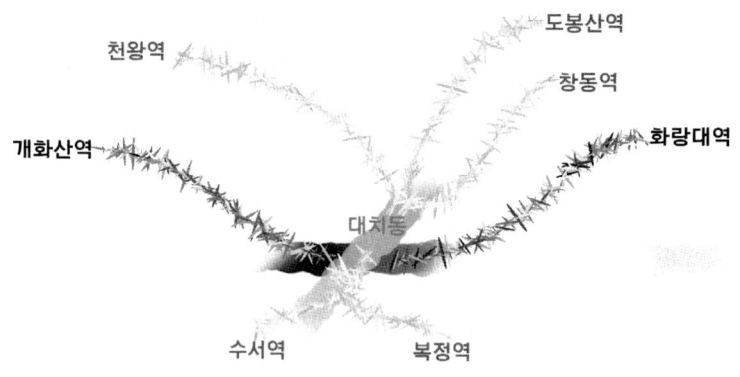

(그림 설명: 대치동으로 접근 가능한 지하철역 들)

그림은 대치동을 중심으로 해서, '주차장을 가진 각 지하철역'의 위치를 단순하고 쉽게 개략적으로 표현하고 있다.

지방에서 승용차로 대치동에 방문하는 가정의 경우에는, 대치동 방문을 포함해서, 여러가지 함께 해야 할 일이 있어서 서울에 오는 경우가 많다. 방문 목적에 적합한 '주차장을 가진 지하철역'을 활용한다면 효율적일 수 있다.

국내선 항공편을 이용해서 김포공항으로 오는 경우에

는, 대치동에 인접한 삼성동 공항터미널을 이용하면 편리하다.

　대치동 처음 방문은 집에서 출발할 때 생각했던 것 보다 많은 시간이 더 걸릴 수 있다. 지방에서 고속버스를 타고 오거나, 국내선 비행기로 오는 경우에는, 방문을 마치고, 댁으로 귀가하는 일정은 넉넉하게 잡아두는 것이 좋다.

- **승용차로 대치동 진입하기**
　대치동 지리에 어느 정도 익숙해지고, 한티역 롯데백화점을 비롯해서 주차할 수 있는 지역이 파악되고 난 후에, 승용차를 이용하길 권장한다.

　경기도 남부지역에서 승용차로 대치동을 방문하는 경우, 용서고속도로를 이용해서 서판교 IC 또는 고등 IC 로 나온 후에, 구룡터널을 거쳐서 대치동을 진입하는 경로도 지름길이 된다. 서판교 IC 보다는 고등 IC 쪽이 한적한 지역을 통과하게 된다. 서판교 IC 를 이용하는 경우에는 판교테크노밸리를 포함한 서판교 도심을 통과하게 된다. 오산, 동탄지역에서 용서고속도로의 광교상현 IC(광교 IC 라고도 한다.)로 진입하는 도로가 연결되어 있다.

경기도 북부, 동부, 서부지역에서 승용차로 대치동을 방문하는 경우, 그다지 지름길이 없다.

토요일 새벽 시간을 이용해서 대치동에 빠르게 진입할 수는 있다. 그렇지만, 그 시간대에는 대치동의 인프라를 제대로 파악하기 힘들다.

대치동에서 아침식사를 하고 휴식을 취한 후에는 대치동의 인프라를 파악할 수 있다.

(사진 설명: 주야간 24시간 운영되며,
은마아파트 단지 북쪽 끝에 위치한 음식점, 명가원설렁탕)

　사진의 음식점은 지금도 저자가 식사를 하기 위해 가끔 들리는 음식점이다.

　학생을 포함한 가정들의 방문이 많아서 그런 것 인지는 잘 모르겠으나, 어린이 설렁탕, 계란말이 같은 어린 학생들을 위한 메뉴들도 있다. 토요일 아침 이른 시간에 식사를 할 수 있는 곳이다.

5. 대치동, 우연한 처음 만남

- 낯선 거대한 공사장

(사진 설명: 은마아파트 전경, 18동이 크게 보인다.)

강남구 신사동에 살고 있을 때였다. 하루는 버스를 탔는데, 무척 피곤했던 탓이었는지 잠시 졸았다. 깨고 보니, 버스를 잘못 탄 것을 알게 되었다.

그 당시에는 78, 78-1, 78-2, 78-3 과 같은 버스 번호

들이 있었다. 차고지와 주된 버스 노선은 같지만, 경유지가 조금씩 다른 버스 번호 들이었다.

종종 버스 번호를 잘못 보고, 엉뚱한 버스를 타는 일이 벌어지곤 했었다.

(사진 설명: 지하철 도곡역 쪽에서 대치역으로 접근할 때, 보이는 은마아파트 전경)

다음 정류장에서, 급하게 버스에서 내리려 했다. 그런데, 그곳은 다른 버스를 갈아타기에는 부적당한 곳이었다.

버스 기사 아저씨가 친절하게 설명을 해주셨다. 여기는 공사장이니 몇 정류장 더 가서 갈아 타라고 하셨다.

(사진 설명: 은마아파트의 은마종합상가 전경.)

다시 자리에 앉아서 창 밖을 보니, 거대한 공사장이 눈에 들어왔다. 그날 내가 본 공사장은 훗날 은마아파트 였다.

그 당시에는 전혀 예측을 못했지만, 저자는 수년 후에 은마아파트에서 몇 년간 살게 되었다.

(사진 설명: 한티역 사거리, LOTTE 백화점이 크게 보인다.)

버스는 몇 정류장을 더 갔는데, 도중에 보니, 항아리를 파는 여러 점포들이 줄지어 있는 진풍경이 보였다. 경기도가 아닌, 서울에 이런 곳이 있는지 처음 알았다.

그 곳은 지금의 도곡시장, 한티역 롯데백화점이 있는 곳이다. 현재도 한티역 사거리에 항아리 파는 점포가 남아있다.

(사진 설명: 단대부고쪽에서 내려 왔을 때, 보이는 LOTTE 백화점 주차동 전경.)

저자가 운영하던 대치동 학원이 있었던 지역이기도 하다.

혹시, 해창여객 137번 버스, 남산으로 운행하는 83번, 83-1번 버스, 또 영동대교를 건너 다니던 63번, 63-1번 버스, 69번, 69-1번 버스를 기억하시는 분이 있을지 모르겠다.

아마 경기고, 영동고, 휘문고, 진선여중고 출신들은 많이 기억하고 있으리라 생각된다.

에필로그

(사진 설명: 서울대 정문 안쪽에 있는 게시판)

사진의 게시판은 저자가 서울대 합격을 확인했던 게시판이다. 그 때에는 인터넷이 없었다. 많은 인파 속을 뚫고 들어가서 합격자 수험 번호 중에 자신의 수험 번호가 있는지를 확인 했다. 정말로 극적인 기쁨을 맛보았던 곳이다.

게시판은 보존되어 있다. 추억의 장소이다. 계속 보존되길 희망한다.

현재, 대학입시를 위한 대입 수능 시험을 치르는 학생은 전국에서 70 만 명 정도 된다. 대입 수능 응시 학생만 이렇게 많은 것이 아니다. 남자 청년들의 병역 의무를 위한 2014 년도 징병 검사 대상 인원은 35 만 명 정도 된다. 이만큼, 청년, 학생 자녀 또는 수험생 자녀를 둔 가정이 많다.

(조선일보 2012.2.27.일자에 실린 저자의 글, 스마트폰 구글 검색 "조선일보 의사로 가득찬"으로 검색해도 전체 내용을 볼 수 있다.)

대치동은 방송 또는 신문에서 여러가지 이슈와 관련되어 사회 기사면, 교육 기사면 에서 자주 접하게 된다. 저자도 대치동 학원을 운영한 덕분인지, 별도 광고 비용 없이, 방송, 신문에 여러 번 얼굴을 내밀게 되었다.

전국에 거주하는 수험생을 둔 가정들에게 대치동은 이미 낯선 곳이 아니다. 우연한 만남도 아닌 셈이다. 아직 이 지역에 와보지는 못했지만, 신문 방송을 비롯한 매스컴이나 주위 사람들을 통해 이 지역에 대해 자주 들어보게 된다.

또, 자녀의 학업 또는 입시에 대해 고민하면서, 이 지역에 대해 구체적으로, 실질적으로 생각하게 되기도 한다. 세부적으로 보면, 국제중 입시, 특목고 자사고 입시, 대학 입시, 유학을 준비하는 가정들이 해당된다. 학생 자녀를 둔 가정 중에서 대치동 지역에 대한 생각을 한 번 이라도 안 해 본 가정은 거의 없다고 본다.

그렇지만, 저자가 대치동에서 학원을 운영하면서 경험한 것에 비추어 보면, 대치동 이외 지역에 거주하는 가정들에게는 대치동은 낯선 곳 일 수 밖에 없었다.

이러 저러한 이유로, 대치동 이외 지역에 거주하는 가정들이 잠시라도 대치동을 들러 보려면 너무 힘들다. 승용차로 대치동을 방문한 경우에는, 이면 도로 중 상당 부분이 일방 통행이어서 어려움을 겪게 된다. 내비게이션의 도움을 받아도, 주차 하기가 매우 어렵고, 주유가 필요한 경우, 주유소 찾기도 힘들다.

대치동은 오래된 마을과 새로운 아파트 주거단지가 함께 공존하고 있는 지역이다. 대치동은 행정구역의 변경이 있었던 곳이어서, 학교명칭과 행정구역상 동명칭이 다른 경우가 종종 있다.

그러다 보니, 대치동의 인프라를 알아보기 위해, 또는 대치동으로 이사하는 문제를 생각해 보기 위해, 대치동을 방문하게 되는 경우에, 어느 지역에 어느 학교가 있는지 조차 파악하기 힘들다. 특정 학교가 어느 동에 속해 있는지 조차도 정확하게 파악하기가 힘들다.

게다가 요즈음은 도로명 주소가 사용되고 있어서 동 구분이 더더욱 어렵다. 각 가정에서 쉽게 이해되도록, 이 글에서는 구 주소인 지번 주소와 도로명 주소를 함께 설명한다.

특히, 이사 문제를 별도로 곰곰히 생각해 본다. 이사를 즐기는 사람이 있을까? 어느 지역으로 이사 가더라도 힘들다. 이렇게 힘든 이사는 꼭 필요한 이유가 있어야 하게 된다.

대치동으로 이사는 더욱 힘든 또 다른 이유는, 자녀의 학교생활 일정에 맞추어 거주 기한이 제한적으로 정해지는 경우가 많기 때문이다. 고생스러운 이사가 그래도 좋은 결실을 거두려면 보다 정확하고 많은 사전조사가 필요하다.

대치동 조사를 위한 방문시 학생 자녀를 동반하고 방문해야 하는 경우에는 더더욱 힘들다. 방문하기 전에 얻은 정보가 제한적이거나 부정확하다면, 턱없이 어이없는 고생을 하게 되는 경우도 많다.

대치북스 시리즈 중 이 글은 대치동 지역을 알기 원하는 가정들에게 좀 더 쉬운 길잡이와 안내서가 되어 주려는 목적으로 제작되었다. 이 글을 근간으로, 각 가정에 특별히 필요한 지식들을 덧붙여 활용하면서 수고를 조금이라도 덜게 되기를 간절히 기원한다.